GUÍA DE LECTURA

Escrita por Elena Pinaud
Traducida por Tamara Montes Blanco

El perro de los Baskerville

de Arthur Conan Doyle

GUÍA DE LECTURA

Entiende fácilmente la literatura con

ResumenExpress.com

www.resumenexpress.com

ARTHUR CONAN DOYLE

ESCRITOR ESCOCÉS

- **Nacido en 1859 en Edimburgo (Escocia)**
- **Fallecido en 1930 en Crowborough (Inglaterra)**
- **Algunas de sus obras:**
  - *La banda de lunares* (1892), relato
  - *Las aventuras de Sherlock Holmes* (1892), antología de relatos
  - *El perro de los Baskerville* (1902), novela

Arthur Conan Doyle, nacido en 1859 en Edimburgo (Escocia) comienza siendo médico. No se dedica a la escritura hasta 1885, cuando crea en su primer relato, *Estudio en escarlata*, a su famoso personaje de detective privado: Sherlock Holmes. El éxito no es inmediato y el escritor tendrá que esperar a 1890 para cerrar su consultorio médico y entregarse por completo a la escritura. Entonces publicará cuatro novelas, entre las que se encuentran *El perro de los Baskerville* y *El mundo perdido*, y cincuenta y seis relatos, entre ellos las famosas *Aventuras de Sherlock Holmes*.

Conan Doyle, que se ve abrumado por el éxito de su protagonista y desea dedicarse a la ciencia ficción, lo mata en *El problema final*. Pero, bajo la presión de los lectores, le hace reaparecer diez años más tarde, en 1905, en *El regreso de Sherlock Holmes*.

Sir Conan Doyle muere en Inglaterra en 1930.

EL PERRO DE LOS BASKERVILLE

SHERLOCK HOLMES Y LA MALDICIÓN DE LOS BASKERVILLE

- **Género:** novela policíaca
- **Edición de referencia:** Doyle, Arthur Conan. 2010. *El perro de los Baskerville*. Pozuelo de Alarcón: Signo Editores
- **Primera edición:** 1901
- **Temáticas:** investigación, misterio, demonio, maldición, detective

El perro de los Baskerville (*The Hound of the Baskervilles*, publicado en una revista en 1901 y en un volumen en 1902) habla de una maldición que, según parece, planea sobre los Baskerville: un demonio aparece cuando muere alguno de los miembros de la familia que no ha llevado una vida correcta. Esta leyenda se transforma en una realidad sobrecogedora cuando sir Charles Baskerville, contemporáneo de Holmes, muere aterrorizado por unos aullidos diabólicos.

La atmósfera criminal sabiamente cuidada, la alternancia entre leyendas y ciencia, el análisis psicológico y la lógica policial extraordinarias que desprende este texto son constantes en el estilo literario de Arthur Conan Doyle.

RESUMEN

CAPÍTULOS 1-2

El doctor Mortimer va a visitar a Holmes para pedirle su colaboración en un caso. Se trata de una maldición que pesa sobre la familia Baskerville desde finales de la Edad Media, cuando Hugo Baskerville, un señor muy cruel y depravado, prometió su alma al diablo si este conseguía recuperar a una chica que se le había escapado. Al parecer, el deseo fue concedido ya que los amigos de Hugo habrían encontrado en un claro los cadáveres de la chica y del señor, este último a punto de ser despedazado por un perro enorme, «una bestia enorme» (Doyle 1985, 16).

Mortimer insiste en precisar que parecía que Charles Baskerville, que acaba de morir, creía y temía esta leyenda. Lo encontraron muerto, con el rostro descompuesto, junto a un pórtico que daba a la landa, rodeado por huellas de un perro gigantesco.

CAPÍTULO 3

Varios habitantes de la landa habrían oído aullar a la bestia legendaria, y Henry Baskeville, el hijo de uno de los hermanos de Charles y su único heredero, quiere apoderarse de la mansión. Por esta razón, Mortimer, que sin embargo goza de una mente científica, quiere que Holmes se ocupe de este caso. Tras un día de reflexión, Holmes le comunica su conclusión a Watson: Charles Baskerville estaba esperando a alguien cerca del pórtico que daba a la landa y perdió el juicio al ver algo terrorífico.

CAPÍTULO 4

Henry, el heredero, llega a casa de Holmes: ha recibido en su hotel una carta anónima en la que se le aconseja no ir a la landa si quiere seguir con vida; además, uno de sus zapatos ha desaparecido. Holmes se da cuenta de que a Henry y a Mortimer los espía alguien que lleva una barba falsa y que se desplaza en coche de punto.

CAPÍTULO 5

Holmes ve que sus tres pistas se desmienten:

- Barrymore, el empleado doméstico de los Baskerville, no puede ser el espía, ya que se encontraba en la landa y respondió a un telegrama que Holmes había enviado como medio de verificación;
- el periódico que sirvió para fabricar la carta de amenaza contra Henry no se ha hallado en ninguno de los hoteles de Londres;
- el cochero que transportó al espía afirma que no sabe nada de él, excepto que manifestó que se llamaba Holmes. El detective se da cuenta de que se las ve con un temible adversario.

CAPÍTULOS 6-7

Cuando llegan a la landa, Henry queda impresionado por el aspecto salvaje de la tierra de sus ancestros, y Watson, que lo acompaña, por la melancolía del lugar. Se enteran de que un prisionero condenado a cadena perpetua por asesinato acaba de fugarse y se esconde en la región. Watson conoce a Stapleton, un vecino de los Baskerville, que asegura ser el que mejor conoce la landa. Se muestra muy interesado por los razonamientos de Watson y Holmes respecto al caso de la leyenda de los Baskerville, y su hermana trata de advertir a escondidas a Watson (al que confunde con Henry Baskerville) que abandone la landa a toda prisa.

CAPÍTULOS 8-10

El doctor Watson revela la información de sus informes, que trata sobre todo de ciertas personas y de ciertos acontecimientos importantes:

- el condenado perseguido por la policía a través de la landa es el hermano de la señora Barrymore, la empleada doméstica de los Baskerville, y los Barrymore se encargan de alimentarlo y protegerlo;
- las señales de amor que Henry muestra hacia la señorita Stapleton irritan a Stapleton, que no obstante termina por pedir tres meses para estar convencido de la sinceridad de los sentimientos de Henry;
- Watson y Henry han oído aullidos y han vislumbrado la silueta de un desconocido en la landa;
- Laura Lyons, la hija repudiada del vecino Frankland, se había citado con Charles Baskerville la noche de su muerte.

CAPÍTULO 11

Watson continúa investigando sobre dos pistas:

- Laura Lyons. Esta confiesa, con reticencia, haber querido solicitar la ayuda financiera de Charles Baskerville para poder pedir el divorcio. Sin embargo, consiguió la ayuda por otro lado, por lo que no acudió a la cita con Baskerville;
- el lugar donde se escondía el desconocido al que vislumbraron la noche anterior. Frankland es quien le ofrece algunas pistas a este respecto. Este último también le permite observar la landa con su telescopio. Watson, que va a estudiar los peñascos, descubre que este desconocido era Holmes.

CAPÍTULO 12

Holmes, instalado en la landa en secreto, ha hecho descubrimientos importantes por su parte:

- Laura Lyons mantenía relaciones muy íntimas con Stapleton;
- la señorita Stapleton en realidad es la mujer de Stapleton, y no su hermana;
- Stapleton llevó a la quiebra al colegio en el que era docente, y Holmes piensa que él es quien provocó la muerte de Charles Baskerville.

Alertados por gritos de espanto y ladridos, Holmes y Watson descubren el cadáver del condenado vestido con la ropa de Henry. El perro ha debido de perseguirlo, piensa Holmes, ya que Stapleton lo había acostumbrado al olor de Henry con la ayuda del calzado que robó.

CAPÍTULO 13

Henry promete a Holmes que lo ayudará en todo lo que pueda. El plan consiste en que el primero irá a casa de los Stapleton al día siguiente y volverá a pie a través de la landa. Al estudiar los retratos de los ancestros de los Baskerville, Holmes es el primero en darse cuenta de que Stapleton es idéntico a Hugo Baskerville. Entre tanto, uno de los mejores policías de Londres se reúne con Holmes y Watson.

CAPÍTULO 14-15

Henry actúa según lo previsto y, al regresar a la mansión, lo persigue un perro enorme, negro y fosforescente, salido de la propiedad de Stapleton. Holmes, Watson y el policía Lestrade consiguen matar al perro, un cruce de diversas razas grandes de perros maquillado con fósforo.

Durante este tiempo, Stapleton muere en la landa (donde escondía a su perro), engullido por el lodazal. Holmes y sus colaboradores salvan a la mujer de Stapleton, a la que este había dejado atada.

Henry se entera de toda la verdad sobre Stapleton. Este último era en realidad el hijo secreto del hermano menor de Charles Baskerville. Según él, Charles y Henry debían morir, ya que le resultaban un impedimento para heredar la fortuna familiar. Por esta razón manipuló a su mujer, a su amante y a toda la población de la landa gracias a la leyenda del perro maldito.

ESTUDIO DE LOS PERSONAJES

SHERLOCK HOLMES

Puede que sea el detective más famoso de la literatura. Se ocupa especialmente de casos que tienen que ver con secretos de Estado o con la honorabilidad de personas de alta cuna, ya que él mismo es un burgués muy educado y cultivado (música, historia, botánica).

Su método consiste:

- en observar bien todo lo que rodea a un crimen (personas y objetos);
- en reflexionar acerca de ello largo y tendido, en solitario;
- en descubrir los detalles que otros ignoran (como, por ejemplo, que Stapleton se parece a Hugo Baskerville);
- y sobre todo en utilizar los errores de los demás («al fijarme en sus errores, veo la verdad», Doyle 1985, 8).

Su método de investigación podría resumirse de la siguiente forma: inducción -> deducción -> análisis de los hechos y de los testimonios -> conclusión y resolución.

Aunque a veces implica a Watson o al policía Lestrade en sus casos, él sigue siendo el cerebro de las operaciones:

> «[N]unca comunicaba sus planes a nadie, por lo menos hasta el mismo momento de realizarlos. En parte se debía esto a su carácter dominante, que gozaba dominando y sorprendiendo a los que le rodeaban, y en parte también a la cautela de su profesión, que le ensañaba a no arriesgarse»

(Doyle 1985, 133).

Presenta numerosas cualidades relacionadas con su oficio de detective:

- domina a la perfección el arte del disfraz (vive como un campesino escondido en una choza en medio de los peñascos de la landa);
- puede ver claramente en el carácter de cada uno;
- no hace caso omiso de nada de lo que podría serle útil en su trabajo de detective (los diferentes perfumes de las mujeres, los caracteres de los periódicos);
- sigue siendo científico incluso cuando las evidencias tienden hacia lo inexplicable (los aullidos del perro y las huellas de sus patas alrededor del cadáver de Charles convencen a Mortimer, pero no a Holmes);
- es lúcido, frío, equilibrado y es reacio a cualquier emoción (como prueba, anuncia fríamente a Laura Lyons que Stapleton está casado a fin de que esta se convierta en su aliada).

Provoca constantemente la admiración de Watson y de Mortimer. Este último está sobre todo fascinado (como adepto de la frenología) con su cráneo: «[U]n cráneo tan dolicocéfalo, [...] un desarrollo supraorbital tan perfectamente marcado. [...] [E]nvidio su cráneo» (Doyle 1985, 11). Las capacidades excepcionales de Holmes parecen, por lo tanto, explicables científicamente.

¿SABÍA QUE...? LA FRENOLOGÍA

En el siglo XIX, con el auge de la ciencia, varias discipli-
nas encontraron la oportunidad para estudiar el cuerpo
humano de arriba abajo. Entre ellas, la frenología, según la que era posible identificar el carácter y la inteligencia de un hombre según la conformación externa de
su cráneo, es decir, de sus diferentes medidas (un bulto
o una frente hundida se interpretaban como signo de
inteligencia o de estupidez, etc.). Esta disciplina, inefi-
caz y poco fiable, desapareció rápidamente.

EL DOCTOR WATSON

El amigo de toda la vida de Holmes es un doctor atraído por
el trabajo de detective. También es el biógrafo de Holmes
y el narrador de sus aventuras («cuantas tentativas hice
para dar publicidad a sus métodos», Doyle 1985, 8). Por otra
parte, la leyenda y el caso del perro de los Baskerville tienen
éxito entre los lectores por su esfuerzo de redacción.

Es un burgués muy respetable, forma parte de un club
elitista y fuma cigarrillos de lujo.

Aunque, en esta novela, no destaca por sus habilidades
como médico, dedica en cambio toda su atención a llevar a
cabo la misión de observador y de protector que Holmes le
ha asignado. Realiza evaluaciones basadas en la constata-
ción, más que en la interpretación.

JAMES MORTIMER

Este médico, muy unido a sus pacientes, es descrito por Holmes a partir de los indicios que le proporciona su bastón, el cual analiza en las primeras líneas de la novela: es amable (por haber recibido como regalo el bastón en cuestión), distraído (por haber olvidado el bastón) y no tiene ambición (renunció a una carrera en Londres). También tiene un perro (que ha dejado la marca de sus dientes en el bastón) que acaba por convertirse en comida para el perro adiestrado por Stapleton.

CHARLES BASKERVILLE

Es el personaje gracias al cual resucita la leyenda del perro de los Baskerville. Tiene miedo de esta historia diabólica —aspecto que Stapleton explota—. Podríamos suponer que le da crédito por sus asuntos sucios en África: se supone que la leyenda debía advertir a los sucesores de Hugo Baskerville de lo que les ocurriría en caso de que llevaran una mala vida. Al volver de África, se mostró muy caritativo y amable, lo que podría ser un modo de redimir sus pecados.

HENRY BASKERVILLE

Este joven apasionado de la naturaleza y de la agricultura pone fin a la leyenda de la maldición familiar. Es un representante de la rama inocente, pero muy determinada de los Baskerville. Lleva una vida muy virtuosa, pero al final de la historia, sufre por amor, puesto que la señorita Stapleton resulta estar casada.

STAPLETON

Stapleton es la tercera oveja negra de los Baskerville (después de su padre y de Hugo). Le encanta la botánica y parece que odia a los seres humanos, ya que los maltrata y abusa de ellos (como hace con su mujer y con Laura). Es solitario, a pesar de su cortesía hacia Watson o Mortimer, y sus cualidades pedagógicas y comunicacionales son limitadas (no ha podido desarrollar su carrera de pedagogo). Este hombre, al que Holmes desenmascara, es quien está detrás de la puesta en escena de la maldición de los Baskerville.

LA SEÑORITA STAPLETON Y LAURA LYONS

Estas dos mujeres, muy hermosas, se encuentran casualmente en la misma situación: su supervivencia depende de la voluntad de un único hombre, que las manipula: Stapleton. Representan la imagen de la mujer instrumento y son víctimas de su amor hacia su torturador.

CLAVES DE LECTURA

EL FOLCLORE Y LA CIENCIA

La leyenda del perro de los Baskerville, emanación folclórica (puesto que el folclore engloba las leyendas, las creencias y los cuentos) de la Edad Media, parece estar fundamentada, si tenemos en cuenta los testimonios de los habitantes de la landa y las huellas del enorme perro. Una leyenda, por definición, es temida en ciertos entornos en los que se acepta lo sobrenatural, como es el caso en la landa, lugar propicio para el desarrollo de historias oscuras, debido a su historia y su geografía.

Esta construcción folclórica sobre la maldición de los Baskerville se convierte en una herramienta psicológica en manos de Stapleton, que tiene una mente tan traviesa y científica como Holmes. Como la leyenda recibió cierta autoridad porque provenía de uno de sus ancestros, Stapleton puede continuar su mistificación sin preocupaciones. El folclore constituye así un arma psicológica, algo que Holmes comprende perfectamente.

Sherlock Holmes marca el paso de la investigación clásica al estudio científico, lógico y objetivo de los crímenes. Mediante su trabajo lógico y deductivo (es, «[c]omo [hombre] práctico, [...] el primero y el único [de Europa]», Doyle 1985, 12), Holmes prueba que todo se puede explicar de un modo científico y pragmático y que la maldición de los Baskerville es simplemente una creación folclórica. Holmes muestra que todo se reduce a una especie de presión psicológica que Stapleton ejercía sobre todo el mundo y que el marco espectacular de la landa servía perfectamente a su propósito.

LA REDACCIÓN DEL DIARIO

La novela está construida bajo la forma del diario de Watson, quien recoge en él todos los detalles de la proeza de Holmes. Además de este estatus de diarista (redactor del diario), Watson es un narrador (el que cuenta la historia) homodiegético, es decir, que está presente como personaje de la historia, en calidad de testigo y de observador. Así, el texto gana veracidad.

Pero este no es un diario íntimo propiamente dicho, ya que Watson no lo utiliza para abrir su corazón, sino que sus anotaciones se mantienen en una línea objetiva y fáctica, con ciertas excepciones: está muy orgulloso de oír los elogios de Holmes respecto a sus deducciones y confiesa su descontento ante el silencio de este.

Al mismo tiempo, el autor, Conan Doyle, al que por lo tanto hay que diferenciar del narrador Watson, también es médico y, del mismo modo que su personaje, siente fascinación por el trabajo de detective. Luego, Watson y Doyle viven una vida de detective por poderes.

EL SÍMBOLO DEL PERRO

La presencia del perro en la leyenda concerniente a los Baskerville como instrumento punitivo y diabólico no es mera casualidad. Su tamaño gigantesco, su aspecto negro y brillante, sus aullidos macabros y su ferocidad hacen pensar en una criatura que los bestiarios medievales describirían como salida del infierno.

Para los Baskerville, anuncia la muerte. Además, todas las mitologías asocian al perro a la muerte y a los infiernos. Tendría una función mítica de personaje psicopompo (que guía al hombre en la muerte). Esto no corresponde a la imagen del perro como el mejor amigo del hombre (a la manera del perro de Mortimer), pero no es más que uno de los aspectos de su rico simbolismo.

Hay que destacar que el perro maléfico no existe más que en el folclore, como es el caso en este texto. La maldición del perro de los Baskerville, historia nacida en la atmósfera supersticiosa y oscura del final de la Edad Media, se queda en una leyenda. El trabajo de investigador de Holmes prueba que realmente es infundada.

Este texto ha sido objeto de un gran número de adaptaciones cinematográficas y literarias (pastiches), lo que prueba que el estilo y los temas de Conan Doyle fascinan a todas las generaciones.

PISTAS PARA LA REFLEXIÓN

ALGUNAS PREGUNTAS PARA PROFUNDIZAR EN SU REFLEXIÓN...

- Explique qué simboliza el perro. ¿Qué efecto produce?
- ¿Qué importancia tiene la ciencia y lo sobrenatural en *El perro de los Baskerville*?
- ¿Cómo consigue Sherlock Holmes resolver el caso?
- ¿Le parece original el método del detective Sherlock Holmes? Compárelo con el de otros grandes detectives salidos de libros, de películas, etc.
- Esta obra se presenta en forma de diario. ¿Qué efectos tiene esto sobre el lector?
- ¿Cuál es el papel de Watson en *El perro de los Baskerville*, así como en el resto de aventuras de Sherlock Holmes?
- ¿Cómo explica usted el éxito que ha cosechado el personaje de Sherlock Holmes?
- Compare *El perro de los Baskerville* con algunas de sus múltiples adaptaciones cinematográficas. ¿Se adecúan al libro perfectamente (desde el punto de vista de la atmósfera, del método del detective, de las características de los personajes, etc.)?

¡Su opinión nos interesa!
¡Deje un comentario en la página web de su librería en línea,
y comparta sus favoritos en las redes sociales!

PARA IR MÁS ALLÁ

EDICIÓN DE REFERENCIA

- Doyle, Arthur Conan. 2010. *El perro de los Baskerville*. Pozuelo de Alarcón: Signo Editores.

ESTUDIOS DE REFERENCIA

- Chevalier, Jean y Alain Gheerbrandt. 2009. *Diccionario de los símbolos*. Barcelona: Herder.
- Colectivo. 2003. *Encyclopédie de la littérature*. París: Le Livre de Poche.
- Colectivo. 1994. *Le Nouveau Dictionnaire des œuvres*. París: Robert Laffont.
- Genette, Gerard. 1989. *Figuras III*. Barcelona: Lumen.
- Mesplède, Claude, dir. 2003. *Dictionnaire des littératures policières*. Nantes: Joseph K., colección *Temps noir*.

EN RESUMENEXPRESS.COM

- Guía de lectura de *La aventura de la banda de lunares* de Arthur Conan Doyle.
- Guía de lectura de *Escándalo en Bohemia* de Arthur Conan Doyle.

ResumenExpress.com

GUÍA DE LECTURA

Muchas más guías
para descubrir tu pasión
por la literatura

www.resumenexpress.com

© ResumenExpress.com, 2016. Todos los derechos reservados.

www.resumenexpress.com

ISBN ebook: 9782806283375

ISBN papel: 9782806284747

Depósito legal: D/2016/12603/409

Cubierta: © Primento

Libro realizado por <u>Primento</u>*, el socio digital de los editores*